Juventude e sagrado

Crer num mundo de muitas crenças

Coleção Espaço Jovem

Série Espiritualidade

- *Leitura orante:* caminho de espiritualidade para jovens – Raimundo Aristides da Silva
- *Projeto de vida:* rumo à meta que é Jesus Cristo – João da Silva Mendonça Filho

Série Formação

- *Coragem para amar:* uma experiência de conviver com a AIDS – Eni Leide Conceição Silva
- *Pastoral da Juventude:* e a Igreja se fez jovem – Rogério de Oliveira
- *Sexualidade:* um bate-papo com o psicólogo – Ênio Brito Pinto
- *Tribos urbanas, você e eu:* conversas com a juventude – Wilma Regina Alves da Silva
- *Juventude e sagrado:* crer num mundo de muitas crenças – João da Silva Mendonça Filho

Série Dinâmicas

- *Arte de criar:* dinâmicas para grupos de jovens – Paolo Parise

Série Liturgia

- *Liturgia:* porta aberta aos jovens – Elmir da Silva Mendes

João da Silva Mendonça Filho, sdb

Juventude e sagrado

Crer num mundo de muitas crenças

Dados Internacionais de Catalogação na Publicação (CIP)
(Câmara Brasileira do Livro, SP, Brasil)

Mendonça Filho, João da Silva
  Juventude e sagrado : crer num mundo de muitas crenças / João da Silva Mendonça Filho. — São Paulo : Paulinas, 2003. — (Coleção espaço jovem. Série formação)

ISBN 85-356-1057-X

1. Crença e dúvida 2. Fé 3. Igreja - Trabalho com jovens 4. Juventude - Vida religiosa 5. Sagrado I. Título. II. Série.

03-4309   CDD-248.83

Índice para catálogo sistemático:
1. Jovens : Guias de vida cristã : Cristianismo   248.83

Direção-geral:	Flávia Reginatto
Coordenação editorial:	Celina H. Weschenfelder
Assistente de edição:	Daniela Medeiros Gonçalves
Coordenadora de revisão:	Andréia Schweitzer
Revisão:	Mônica Elaine G. S. da Costa Leonilda Menossi
Direção de arte:	Irma Cipriani
Gerente de produção:	Felício Calegaro Neto
Ilustrações:	Lettera Studio
Produção de arte:	Sandra Regina Santana

Nenhuma parte desta obra poderá ser reproduzida ou transmitida por qualquer forma e/ou quaisquer meios (eletrônico ou mecânico, incluindo fotocópia e gravação) ou arquivada em qualquer sistema ou banco de dados sem permissão escrita da Editora. Direitos reservados.

Paulinas
Rua Pedro de Toledo, 164
04039-000 – São Paulo – SP (Brasil)
Tel.: (11) 2125-3549 – Fax: (11) 2125-3548
http://www.paulinas.org.br – editora@paulinas.org.br
Telemarketing e SAC: 0800-7010081
© Pia Sociedade Filhas de São Paulo – São Paulo, 2003

*Aos meus pais e catequistas,
que ao longo da minha vida
me ensinaram a dar razão à minha fé.*

Sumário

Apresentação 9
Introdução 11

CAPÍTULO I – A questão do sagrado

1. O mistério perdido 16
2. A religião e o sagrado 19
3. O sagrado no pluralismo religioso 21
4. A iluminação da fé 25
Para estudo pessoal e grupal 27

CAPÍTULO II – A religiosidade do sagrado na pós-modernidade

1. A vida em si 30
2. As buscas de Deus nas religiosidades 32
3. A iluminação da fé 35
Para estudo pessoal e grupal 38

CAPÍTULO III – A espiritualidade cristã mergulhada no sagrado

1. A revolução espiritual 40
2. Juventude e oração 42
3. O cristianismo 45
4. A iluminação da fé 47
Para estudo pessoal e grupal 48

Conclusão 49
Pensamentos 51
Bibliografia 53

Apresentação

Quando fui solicitado para apresentar este livro, algo me remeteu ao último Rock in Rio. Qual a ligação entre *rock* e o sagrado? Como unir estas experiências? Lá, no Rio de Janeiro, além do grande palco para os agitados *shows*, havia cinco tendas temáticas. Uma delas era a tenda da espiritualidade. E eu me interrogava: num mundo explosivo de sons em altíssimo volume, de circulação de drogas, de visuais os mais estranhos, haveria chance para uma tenda que acolhia jovens curiosos e inquietos, provocados pela temática instigante da espiritualidade? Dizem as notícias que ela estava sempre cheia. Um nicho "sacado" pelos organizadores. O livro apresentado sintoniza esta percepção.

Vejo o livro do pe. Mendonça como uma forma de partilha na tenda da espiritualidade no Rock in Rio. Além do consumismo musical e do visual provocante, há uma busca de sentidos. Além da possível vulnerabilidade dos comportamentos dos roqueiros, há uma inquietação: "As tendências, os comportamentos negativos na vida dos jovens são corrupção de aspirações radicalmente positivas". O livro sensibiliza educadores da fé a acreditarem que os jovens têm fome de Deus; eles gritam, cantando: "A gente não quer só comida... a gente quer a vida como a vida quer. A gente quer inteiro e não pela metade" (Titãs). A sociedade oferece muitas coisas aos jovens e tudo pela metade. Mas a busca dos jovens resiste mais além dos seus comportamentos absurdos e muitas vezes vazios. Eles continuam buscando o sentido e o gosto de viver, têm saudade do "mistério perdido". Recomendo o livro, pois só conseguiremos trabalhar com os jovens se formos capazes de partilhar com eles as coisas e as belezas de Deus.

Pe. José Benedito Araújo de Castro, sdb

Introdução

Santo Agostinho inaugurou uma forma de buscar Deus que ainda hoje é latente no coração de muitos jovens: "Meu coração não descansará, enquanto não repousar em ti, Senhor!" (Confissões). Dita assim ou de outra maneira, esta frase de Agostinho representa bem o sentimento pós-moderno da busca de preenchimento do vazio existencial, que *somente Deus pode resolver*.[1]

Trata-se de uma verdadeira caçada a Deus no grande emaranhado humano-religioso que é a cidade hoje, com todas as suas raízes chegando aos rincões mais distantes, onde exista uma TV parabólica, um rádio, um informativo, e até pessoas que circulam de um lugar a outro — caso típico das pequenas vilas e cidades do interior. Nada foge do desejo de Deus, manifestado no *Sagrado*.

Por isso, não concordo com aqueles que acusam a juventude de abandonar o sagrado a um plano inferior, e sim acredito que eles, os jovens, estão agindo com base em experiências que unem sentimento e prazer, corpo e espírito, formas e ritos sem necessários vínculos com princípios religiosos convencionais.

---

[1] Agostinho de Hipona viveu de 350 a 430. Foi um jovem inquieto na sua busca de Deus. Procurou em várias filosofias o sentido para crer, mas não ficou satisfeito com nenhuma delas. Depois de uma vida cheia de aventuras, encontrou na interioridade da sua vida o Deus que ele tanto buscava fora. Foi um monge modelo para a sua época, tornou-se padre e bispo. Fundou um estilo de vida monástica dedicada à caridade para com Deus e para com o próximo. No seu livro *Confissões*, narra todo o seu processo de busca de Deus (BOFF, Leonardo. *Espiritualidade*: um caminho de transformação, p. 12; IMODA, Franco. *Psicologia e mistério*: o desenvolvimento humano, pp. 104-106).

Fora do imaginário da religião com seus ritos, costumes e hierarquias, a juventude parece unir mente, vontade e corpo como expressão do sagrado. Surge daí um estilo de religiosidade que simpatiza com o *gospel*, o belo e o mágico. Na realidade, o nome de Deus neste grande contexto denomina-se *corporeidade*,[2] pois se apresenta como modelo que serve para todos. É no estético que as pessoas estão encontrando o sentido para vivenciar formas de espiritualidade que representam o sagrado.

A minha proposta

Nestas páginas, procuro explicitar melhor a problemática relativa ao sagrado hoje e suas implicações sobre a fé, que, se encarnando no humano, foi capaz de elevá-lo ao Divino. Desejo mostrar que esta busca tem seu valor à medida que responde aos ideais mais nobres do ser humano, na sua escalada rumo ao mistério da salvação.

Para quem é este livro?

Pretendo colocar como interlocutores da minha reflexão os jovens que militam nos grupos juvenis, jovens catequistas, professores de ensino religioso, crismandos, jovens-adultos que refletem a fé, sejam eles das grandes cidades, como também da zona rural, indígena ou ribeirinha. Sinto que muitos deles buscam a fé às apalpadelas, às vezes sem a certeza de a terem encontrado. Quero ajudar a discernir os sinais do Verbo nessas buscas, desde que sejam inquietudes sinceras.

---

[2] COMBLIN, José. Desafios da Igreja na cidade atual. *Revista Vida Pastoral*, jul./ago. 2002, p. 10.

Qual será o nosso método?

Limitar-me-ei a uma linguagem descritiva de fatos que observo, de afirmações de outros autores, com uma proposta educativa de trabalho pessoal e coletivo, que ajude a aprofundar as próprias buscas. Nestas páginas, o leitor jovem encontrará questionamentos, pistas de reflexão e, sobretudo, trabalho pessoal orientado pelas fichas no final de cada capítulo. O método será, assim, inter-relacional. Faremos juntos uma caminhada, partilhando nossas buscas e experiências. A fé terá sempre uma posição ao final de cada capítulo, e será a partir dela que seremos chamados a tomar posição. *A Palavra de Deus não passa sem deixar um sinal.*

Capítulo I

A questão do sagrado

*Há uma demanda por valores não-materiais,
por uma redefinição do ser humano
como um ser que busca um sentido plenificador,
que está à procura de valores
que inspirem profundamente sua vida.*
Leonardo Boff

1. O mistério perdido

No jogo da sedução, que caracteriza a religiosidade de hoje, está implícita a banalização do mistério do próprio ser humano. Tudo se tornou tão palpável, tão vulnerável, que a capacidade de contemplar escapou de nossas mãos. Olhamos tudo com aquele espírito de quem já viu e não encontra mais graça; daí a busca desenfreada pela novidade com o objetivo quase único de viver o momento presente, sem grandes aspirações. A perda do sentido do mistério em nossas vidas está deixando o nosso cotidiano insosso e pragmático.[1] É a sensação de saber tudo e ao mesmo tempo não entender o próprio eu.

> *A contemplação é o espaço para recuperar o sentido do mistério.*

Dentro desse dramático sintoma que caracteriza a busca da fé, ou seja, de sentido pleno para a vida, temos algumas mortes que estão marcando a vida de muitos jovens:

- **Mediocridade.** Sensação de que não vale a pena lutar por nada, basta sobrevoar a realidade sem tocar nem se misturar com nada; é a onda do ficar. Quanto mais se sente prazer, mais se busca insaciavelmente, sem nunca se sentir satisfeito.

- **Ausência de paixões e grandes ideais.** Vive-se do agora e do efêmero prazer do desfrute. É válido aquilo que torna a vida mais leve e com pouco compromisso.

- **Morte da criatividade.** Um coração insosso e sem brilho fecha-se à inovação, à superação dos próprios limites e à descoberta de novas oportunidades.

---

[1] CENCINI, Amedeo. *Os jovens ante os desafios da vida consagrada*: interrogações e problemáticas, p. 8.

- **Narcisismo.** É comum sentir-se instrumentalizado pelos outros, com a sensação horrorosa de que todos o usam e "jogam o bagaço fora". Essas pessoas não se sentem amadas e não sabem amar. Desaparece completamente o sentido da gratidão e do serviço.

A perda do sentido do mistério empurra muitas pessoas para práticas de auto-ajuda, exercícios físicos e mentais, para o recurso abusivo de ritos religiosos orientais, uso de amuletos, de pedras que atraem forças cósmicas, comidas raras, plantas medicinais, lugares sagrados que materializam a força que vem de outros mundos. Tudo em prol da felicidade, mas uma felicidade puramente corporal, longe da realidade de um Eu em construção com o totalmente outro. É um grande avesso de tudo aquilo que seja mistério, escondido no profundo do ser humano.[2]

A juventude então é sutilmente seduzida pelo consumismo e corre atrás de novidades para preencher o vazio que esta realidade provoca. Podemos detectar algumas destas novidades: na música. Nela encontra-se "a paz sonhada", seja no estilo *gospel*, seja nos ritmos frenéticos das danceterias.

Mesmo na religiosidade atual, damo-nos conta da presença de músicas que pouco dizem nas suas letras, porém, expressam tudo e algo mais no ritmo. Os festivais de música juvenis transformaram-se em ritos sagrados na busca de sentido. Outro elemento importante desta perda do mistério é o recurso às *festas*. Nelas os jovens encontram-se com suas almas gêmeas. Inventam coreografias, fabricam seus instrumentos de identificação e celebram verdadeiras liturgias. É comum também, na busca de sacralizar o que se perdeu, dar grande valor aos momentos de *férias*. Muitas pessoas vivem à sombra das férias e se programam o ano inteiro a fim de não perderem nenhum espaço para o gozo do tempo livre. É nas férias que o jovem pós-moderno sente que existe, porque foge de todas as regras, de todos os compromissos, de toda proteção familiar e se torna "adulto".[3]

---

[2] Comblin, op. cit., p. 11.
[3] Idem, p. 12.

A idéia de sagrado está envolta num sentido amplo de festa, não necessariamente a festa religiosa. Aquilo que para a religião — com seus ritos, datas e comemorações — é sagrado, como, por exemplo, a Semana Santa, para o jovem que perdeu o sentido do mistério é motivo de celebrar o tempo livre. O sagrado para ele é sair para se divertir. Muitos vão às missas, às procissões, contudo, logo depois estão nos bares, nas dancetarias e na noite, como espaço de convivência e ao mesmo tempo de anonimato. Evidentemente, os fatores consumo e dinheiro são fundamentais.

A perda do sentido do mistério é assim problemática porque suscita no ser humano um vazio que ele sozinho não pode preencher. No fundo, esse retorno ambivalente ao sagrado é a busca de algo que determine e valorize o futuro. Leonardo Boff chega a dizer: "Há um vazio profundo, um buraco imenso dentro do ser humano, suscitando questões como gratuidade e espiritualidade, futuro da vida e do sistema-Terra. Esse buraco existencial é do tamanho de Deus. Por isso só Deus é capaz de preenchê-lo".[4]

Diante desse fenômeno, precisamos reagir colocando freio à nossa pretensão de tudo saber ou já ter resolvido. Nada sabemos do nosso existir. Nada é descoberto pela especulação de horóscopos, videntes e tarôs. O ser humano é inacabado e a vida é sempre uma aventura repleta de descobertas. A vida humana é mistério e não temos todas as respostas. No trajeto rumo à vida como projeto é que iremos conseguindo algumas respostas. No entanto, sempre restarão dúvidas salutares que nos tornarão pessoas inquietas, desejosas e projetivas.[5]

---

[4] Idem, p. 12; IMODA, op. cit., p. 64.

[5] CENCINI, Amedeo. *Redescobrindo o mistério*: guia formativo para as decisões vocacionais, pp. 22-28; IMODA, op. cit., pp. 58-68.

2. A religião e o sagrado

Quando uso o termo "religião" não estou me referindo simplesmente à Igreja Católica, pois religião é um termo antigo oriundo do latim *religio*. Os romanos usavam esse termo quando queriam falar de piedade, observância. O cristianismo utilizou essa palavra para identificar a verdadeira devoção e relação com Deus. No século XVII, o termo *religio* foi utilizado para designar todos os sistemas de crenças.[6] A filosofia, no século XIX, interpretou a *religio* como uma área da cultura e da experiência. O termo presta-se a ambigüidades.

De fato, apóio-me no estudo de Paden no qual as formas de religiosidade popular identificaram a religião com devoções aos santos, participação na igreja, reza do terço; outros a colocam como observância do Alcorão, visita à cidade de Meca; outros ainda entendem religião como normas e costumes morais, iluminação privada, com existências de anjos e demônios, luta entre o bem e o mal. Na realidade, o vocábulo é transcultural, por isso merece nossa consideração, uma vez que muitos jovens rejeitam a religião identificando-a com essas práticas. Desejo mostrar que a religião é muito mais que isso. Significa o nosso mergulho no mistério de Deus, no sagrado que tudo envolve e diviniza. É bastante comum a afirmação de que os jovens são indiferentes e distantes da instituição religiosa oficial. Eles não querem saber de normas, ritos, costumes que criam dependências e exigem posturas que contradizem o jeito livre de ser jovem. A religião seria, no caso, uma camisa-de-força impedindo a criatividade, a liberdade e a autodeterminação. Será isso verdade? A religião é, de fato, uma castradora de sonhos de liberdade, ou ela nos ensina a voar com segurança?

---

[6] Não é minha intenção aprofundar a questão semântica da palavra religião. Indico como fonte o livro de William E. Paden, *Interpretando o sagrado*: modos de conceber a religião.

Acredito que a religião deve responder a duas necessidades do ser humano: a primeira delas sobre o desenvolvimento pessoal; e a segunda, sobre a praticidade da verdade que a pessoa aceita, dando sentido à sua existência.

> *À medida que sou generoso, aberto às necessidades dos outros, respeitando as diferenças, estou desenvolvendo os valores da religião.*

Existe, então, um jogo entre a realidade e o ideal do ser humano, que favorece nossa capacidade de desejo e realização. A religião não seria uma castradora, e sim educadora, equilibradora do agir humano, pois a partir dela haveria o relacionamento com a divindade, fundamentado na religiosidade como forma e na fé como revelação. Nesse sentido, a religião tem uma grande tarefa sociocultural-individual a desenvolver. Por isso, o grande perigo de uma sociedade que subjuga as pessoas e ofusca a religião é aprisionar o ser humano à finitude, sem nenhuma possibilidade de autotranscendência na arte, na cultura, nas crenças. A gestão do secularismo — morte de Deus — gera o individualismo como vivência, o consumo como regra de vida, a indiferença como atitude e a violência como resposta ao outro. O sagrado vem a ser toda expressão em ritos, doutrinas e costumes que a religião produz como cultura religiosa. A realidade do sagrado não está na sua distância do mundo dos seres humanos, mas na sua expressividade por meio da crença. Assim, é fundamental o papel educativo da religião para o sagrado em duas dimensões: *a compreensão dos símbolos* e a *compreensão da linguagem*.

Quando perdemos a capacidade de contemplar o simbolismo da religião — por exemplo, no ritual das celebrações, os objetos usados no culto, as pessoas que presidem aos atos litúrgicos, o silêncio na oração, as fórmulas das orações, a significatividade do povo como celebrante do culto e muitos outros sinais —, caímos num relativismo que banaliza o sagrado. Contudo, a todos esses elementos não se atribuem valores mágicos, mas de significado da presença da divindade, que para o crente é sagrado. O perigo da má compreensão do sagrado está quando utilizamos essa simbologia como se fosse a materialização da divindade; daí o uso de amuletos, água benta, fitas representando seres divinos que protegem.

A linguagem é outra via do sagrado que ainda não conseguiu superar, pelo menos na Igreja Católica, o desafio das rápidas mudanças. O uso de uma linguagem abstrata e pouco celebrativa torna o sagrado distante e amedrontador, uma vez que sua função é aproximá-lo da realidade. Para isso, é importante o valor da linguagem do corpo na vivência do sagrado no cotidiano. Estamos assistindo ao êxito de muitas expressões de espiritualidade que usam dessa linguagem para "tocar o sagrado". Quando o corpo funciona como eco da crença, ou seja, da religião, ele se torna linguagem do sagrado. Nisso Jesus Cristo foi mestre: tocou na filha de Jairo e a curou (Mc 5,41ss), teve os olhos fixos em Zaqueu (Lc 19,2-10), deixou-se tocar pela mulher pecadora (Jo 12,3ss), acariciou as crianças para revelar o amor misericordioso de Deus Pai (Mc 9,36ss).

3. O sagrado no pluralismo religioso

Poderia ser relativamente fácil reinterpretar hoje o sagrado, se não fosse o fenômeno cada vez mais agudo do pluralismo religioso no atual quadro sociocultural do Brasil. *Muitas pessoas reduzem a religião a uma convicção interior, a uma religião invisível,*[7] muitas vezes marcada pela mudança simples de igreja e espiritualidade.

---
[7] CNBB. *Diretrizes gerais da ação evangelizadora da Igreja no Brasil – 1999-2002*, n. 156.

> Na verdade, estamos assistindo a uma corrida desenfreada para preencher os vazios causados pela insegurança da conjuntura atual, que emergiu de uma fragmentada formação religiosa.

A religião virou comércio, produto a ser vendido, fundamentado na sedução[8] e não na convicção. Para que isso funcione, é preciso evitar a todo custo dizer a verdade que a religião promove, falando apenas de sua utilidade e da satisfação que ela pode provocar. O sagrado, assim entendido, vira coisa, com conseqüente avanço no fanatismo. O contato com a divindade é imediato, por meio de curas, dons de línguas, expulsão de demônios, prosperidade, saúde, bênçãos de todos os tipos. O agente religioso (padre, pastor, bispo) torna-se novamente o intermediário entre a divindade e o povo. Não obstante, o pluralismo tem sua validade porque nos ajuda a superar as hegemonias e preconceitos; entretanto, no quadro religioso atual, com o avanço das "igrejas eletrônicas" e o apelo aos sentimentos religiosos mais básicos, há o risco da banalização da religião e de toda a sua riqueza cultural.[9] Pior ainda quando os padres se utilizam dos mesmos artifícios de outros líderes religiosos para "evangelizar", tornando o povo refém do fanatismo religioso, que inúmeras vezes gerou guerras, mágoas e miséria no mundo. Estamos assistindo a uma efervescente propaganda de fenômenos ditos sobrenaturais revestidos de medo, visões apocalípticas e fundamentalistas em nome de Deus. Isso se torna perigoso porque forma a base de um sistema idolátrico. Outra questão positiva que o pluralismo religioso colocou em evidência foi a

---

[8] Comblin, op. cit., p. 13.

[9] Cnbb, op. cit., n. 166.

busca de sentido para viver e para crer, presente no coração de tantos jovens. No livro "Projeto de vida rumo à meta que é Jesus Cristo", editado pelas Paulinas, fiz questão de colocar essa realidade como a motivação fundamental para o projeto. Agora, podemos nos perguntar-nos sobre os tipos de sentido que muita gente está buscando. Elenco alguns:

- **Busca de pertença.** Diante de tantas possibilidades de escolha, encontramo-nos, às vezes, perdidos. É muita comida para quem está com bastante fome, e que acaba comendo tudo sem saborear nada. O sagrado, como já dissemos, torna-se uma mercadoria entre tantas, à medida que ele sacia, vai sendo descartado. As pessoas buscam um grupo de identificação e sugam aquilo que podem, depois partem para outra, ainda desejosos de pertença.

- **Busca espiritual.** No ser humano em geral há uma necessidade que não se esgota apenas na satisfação. É uma sede dialogal com o totalmente outro que chamamos de Deus; um mergulho na profundidade de nós mesmos, dando sentido pleno de felicidade. A religião que proporciona isso é verdadeira. Jesus Cristo foi interpelado por pessoas que buscavam saciar essa sede: Nicodemos, a samaritana, Zaqueu, Paulo etc.

Essas realidades da busca de sentido suscitam dois fenômenos muito típicos da pós-modernidade: *o distanciamento da fé* e a *irrelevância da fé*. O primeiro é o divórcio entre o tradicional e o moderno: pessoas que nasceram em famílias identificadas com uma determinada religião e que aos poucos tomaram outros rumos, inclusive deixando a própria crença; o segundo é também marcado pela dicotomia entre a vida e a crença: a fé não exerce influência nas atitudes. Uma coisa é o que se faz nos ritos, o que dizem as normas da religião, outra é o que se obedece no cotidiano. É como um casal que vive junto em camas separadas.

Essa explosão religiosa dos últimos anos não surgiu do nada; ela vinha sendo curtida numa subcultura religiosa sincrética típica do povo brasileiro.[10] Existe uma diversidade de matrizes que deu origem à nossa alma mística, e somente uma evangelização encarnada poderá dar respostas. São elas:

- **O encontro entre as religiões indígena, africana e o catolicismo colonial.** Os colonizadores não mediram esforços para cristianizar todas as formas de fenômenos religiosos que encontraram. Esse encontro ou "trombada" formou uma *cultura da conquista*, que trouxe exclusões dentro da própria religião, gerando formas de manifestações que se tornaram marginais à religião oficial.

- **Entrada do kardecismo.** O espiritismo surgiu no século XIX, em Nova York, no seio de uma família protestante. Aceitam-se a reencarnação da alma e a mediunidade. Jesus Cristo é considerado um espírito evoluído pelas suas diversas reencarnações. A estrutura cultural brasileira absorveu o espiritismo ao ponto de influenciar em mitos sobre pessoas que morrem e aparecem, crianças que choram nos cemitérios e lugares assombrados.

- **Tradições esotéricas.** Também no século XIX surgiram fenômenos religiosos ligados a religiões orientais, tais como: budismo e hinduísmo. Não quero dizer que essas religiões milenares criaram um imaginário religioso repleto de coisas exóticas, mas os seguidores do Ocidente fizeram que as tradições e costumes dos monges orientais se tornassem aqui objetos de moda e de superstição. Contudo, a força do esoterismo está nas sociedades esotéricas, que na Idade Média criaram os segredos da magia, de encantamentos, de bruxaria e feitiçaria. Depois, no século XVII, apareceram as fraternidades Rosa-Cruz, que diziam ter herdado a sabedoria dos antigos egípcios e criaram o elixir da longa vida.

---

[10] CNBB, op. cit., n. 167.

No século XVIII, a maçonaria também surgiu nesse mundo mágico e cheio de segredos.

- **A umbanda.** Na sua origem africana, a palavra "umbanda" designa a arte de curar por meio da medicina natural, adivinhação por meio da consulta aos espíritos dos mortos, indução desses espíritos sobre a vida dos vivos, encantamento por meio de objetos religiosos. Na realidade, a partir da década de 1930, a umbanda tornou-se uma modalidade do espiritismo kardecista fundida com a cultura africana. Os "pretos velhos" e os "caboclos" seriam seres desencarnados; os orixás são semideuses; os exus, espíritos perversos; e os eguns, os desencarnados.

Tudo isso forma o sincretismo brasileiro, tornando complexa a nossa relação com o sagrado e a compreensão da religião. O mistério perdido está nessa complexidade religiosa. O pluralismo trouxe à tona todas as formas de manifestações de crenças, libertando, de fato, o que existe de finitude em todas elas e o que há de eterno e divino.

4. A iluminação da fé

Não poderia fechar este capítulo sem antes mostrar pistas de ação para melhor compreensão e vivência do mistério em nossas vidas. O cristianismo aprendeu do seu fundador a olhar o mundo com compaixão, quer dizer, sentindo com as pessoas suas vitórias e fracassos. Jesus Cristo não condenou nem excluiu o que encontrou de sementes da divindade nos homens e mulheres de seu tempo. Ele narrou com sua vida a grande parábola de um rei que prepara a festa para o casamento do filho e chama a todos (Mt 22,1-14). Nessa festa, também somos hoje convidados a sentar à mesa e partilhar da felicidade do noivo que se enamora e casa com a amada. Quem seria essa felizarda? É toda a humanidade. Somos todos chamados para a festa de Deus, que se alegra com o matrimônio do Filho com a humanidade sedenta de afeto. Eis aqui um grande símbolo sagrado expresso pelos profetas, principalmente em Isaías e no evangelho de Mateus. A fé recorda-nos que somos amados por Deus. Quem não tem fé deve sentir um vazio maior do que aquele que sentimos quando não correspondemos ao amor gratuito de Deus. Hoje, é forte a tendência a um descompromisso religioso no qual a fé e a vida correm paralelamente. Emerge o *Eu* — tido como sagrado e fonte de prazer — que ofusca o *Nós*, a alteridade. A fé, por sua vez, alerta-nos para a gratuidade, e sua funcionalidade está exatamente em provocar constantemente a inquietação e a conversão. A fé ilumina o sentido profundo do mistério, simbolizado na *esperança* que Jesus Cristo deixou nas bem-aventuranças do Reino (Mt 5).

Para estudo pessoal ou grupal

1. O que ficou da reflexão sobre o mistério perdido?
_____
_____

2. Você saberia diferenciar religião e sagrado?
_____
_____

3. O retorno do sentido do sagrado leva também para a religião?
_____
_____
_____

Dinâmica de aprofundamento

1. Descreva três valores que saltam aos olhos diante do pluralismo religioso.
_____
_____

2. Aponte três questões que podem influenciar no distanciamento entre jovens e religião.
_____
_____

3. Aponte as questões que surgiram durante a leitura deste capítulo.
_____
_____

Capítulo II

A religiosidade do sagrado na pós-modernidade

*Para mim, a experiência mais fundamental,
aquela que toca a profundidade de nós mesmos,
é a do enamoramento.
Quando a pessoa se enamora,
a outra vira uma divindade.
Não se medem sacrifícios, o tempo não conta.*
Leonardo Boff

1. A vida em si

Com o avanço da tecnologia e do mundo globalizado, sempre em rápida transformação, fomos aos poucos nos voltando para nosso próprio interior, criando nossas condutas e leis, independentemente do contexto maior da sociedade e da religião. É o que chamamos de subjetivismo, *quando as pessoas julgam que seus centros de valores são criados por elas próprias.*[1] Isso tem algo de verdadeiro, mas não é totalmente aceitável. Nossa conduta não pode ser regida simplesmente pelo que achamos que seja certo. Ela tem um padrão sociocultural-religioso que também precisa ser levado em conta. A pessoa em si é um elemento em crise e tensão. Primeiro porque gerou a autonomia diante da tradição religiosa, da autoridade e do conhecimento. Foi uma onda social muito grande que mexeu com as opções afetivas das pessoas, principalmente dos jovens militantes. Atualmente a crise está no abandono do social, gerando opções individuais que deixam em evidência atos isolados sem reforço coletivo.[2]

Trata-se, pois, de uma tendência cada vez mais comum no imaginário religioso de jovens e adultos criar uma religiosidade desapegada do projeto encarnacional do Verbo de Deus. Acaba sendo a fabricação de um estilo de fé que ofusca o sentido da transcendência na vida do cristão, ou seja, aquela experiência de comunhão com a divindade que responde às nossas buscas de significado e de liberdade. Nesse sentido, a religiosidade da nova era é sedutora e está se tornando um estilo de vivência do sagrado que se inspira em revelações de seres superiores, numa visão holística — harmoniosa — do universo com suas ondas de energia, unindo universo-espírito-matéria-Deus-mundo numa grande vibração energética. Podemos elencar alguns problemas oriundos desta religiosidade:[3]

---

[1] LIBANIO, João Batista. *As lógicas da cidade*: o impacto sobre a fé e sob o impacto da fé, p. 72.

[2] Idem, pp. 73-74.

[3] Idem, p. 75.

a) Jesus Cristo, não mais o Verbo feito carne, membro de um povo e de uma cultura, seria uma espécie de extraterreno, portanto "desistorizado";

b) Jesus Cristo não seria o Salvador de todo homem e mulher, mas um guru, mestre interior do indivíduo que mexe em sua consciência;

c) Jesus Cristo torna-se-ia um mito dos desejos humanos e de cada pessoa. Seria um símbolo de nossas buscas interiores;

d) Jesus Cristo seria aquilo que cada pessoa conseguisse criar de si mesma, inclusive seus valores. Seria uma fé privada, sem nenhuma intenção de ser partilhada coletivamente.

O clima religioso que se instaurou é aquele do ser humano que toca Deus, que sente o sussurro de Deus em seus ouvidos, projetado em seus sentimentos e como prazer imediato. Por isso estamos assistindo à volta de uma religiosidade em que é comum a presença de "magos, adivinhos, cartomantes, astrólogos, gurus, bruxas, místicos [...] novos sacerdotes do panteão pós-moderno habitado por anjos, gnomos, duendes, demônios, orixás, santos, em meio a energias e forças cósmicas".[4] Segundo esta visão religiosa, tão forte nos grupos fundamentalistas neopentecostais,[5] a luta entre o bem (Deus) e o mal (demônios) ameaça constantemente cada pessoa, pois se revela nas doenças, no desemprego, em separações familiares, traições etc.

---

[4] FERREIRA, Antônio da Silva. *De olho na cidade*: o sistema preventivo de dom Bosco e o novo contexto urbano, pp. 106-107.

[5] São expressões religiosas de cunho fundamentalista que interpretam a Bíblia ao pé da letra, desrespeitando o contexto da Palavra revelada, manipulando a mensagem para fins pessoais e ideológicos; promovendo a intolerância e o preconceito contra os homossexuais, o movimento feminista, o avanço da modernidade e os movimentos libertários em geral. Mantêm uma verdadeira campanha para unir Igreja e Estado. Haja vista a presença cada vez mais expressiva de líderes religiosos evangélicos na política partidária, que trará problemas de ordem ético-religiosa, porque a teologia evangélica neopentecostal separa *vida da graça e mundo*. O mundo é dominado pelo demônio e não serve para nada; portanto um político evangélico pode tranqüilamente trocar seu voto desde que beneficie sua igreja. Na prática, muitas igrejas evangélicas tornaram-se bases político-eleitorais.

Superando esse clima de medo, o homem e a mulher de fé professam que Jesus Cristo é o libertador de tudo isso e nada os pode separar do amor de Deus, nada!

Há um texto de são Paulo muito significativo, que nos ilumina neste momento: "É para a liberdade que Cristo nos libertou. Ficai firmes e não vos deixeis amarrar de novo ao jugo da escravidão. Eu, Paulo, vos digo que Cristo não será de nenhum proveito para vós, se vos deixardes circuncidar..." (Gl 5,1-2).

Jesus Cristo libertou-nos de todas as formas mágicas que desconhecem a ética e vêem tudo como nocivo e pecaminoso. Essa teologia apenas fecha as pessoas num mundo cheio de fantasmas e de dominações de espíritos demoníacos, arrastando-as para um desequilíbrio emocional e religioso, que beira à loucura. A liberdade salvífica de Deus torna-nos livres de todas as cadeias e de todos os interditos que nos plantam no chão.

2. As buscas de Deus nas religiosidades

Acabamos de analisar os fenômenos que ofuscam o sentido do sagrado no atual contexto pragmático, imediatista e pobre de espírito de fé em que vivemos. No entanto, é meu dever dizer que a busca de Deus continua ainda hoje, talvez com maior intensidade, devido às muitas opções e as diferenças de crenças que pululam por aí.

> Sem a busca do sentido da vida, perdemos a direção, a unidade para viver.

No meio desse emaranhado de religiosidades, o cristão católico é chamado a manter uma atitude de diálogo construtivo, cultivando, por um lado, *a unidade dos cristãos* — entenda-se cristãos[6] *todos aqueles que professam perante o mundo inteiro a fé no Deus uno e trino, no Filho de Deus encarnado, nosso Redentor e Salvador* — e, por outro, *o diálogo e a colaboração com todas as religiões não-cristãs*.[7] Na verdade, a Igreja não rejeita nada do que encontra nas outras religiosidades e procura valorizar as sementes da presença de Deus em todas elas.

Por acreditar nesta missão da Igreja é que desejo ajudar os jovens a valorizarem toda e qualquer busca de Deus, que as religiosidades verdadeiramente promovam, desde que mantenham o princípio da *transparência da fé e não de comércio religioso*. O sentido do sagrado está exatamente nesse princípio, pois o desejo de Deus é algo que ninguém pode aprisionar em nosso coração. Há um pensamento do Concílio que revela isso de maneira muito feliz e atual: "Nem dos outros, que procuram o Deus desconhecido em sombras e imagens, Deus está longe. Pois é ele quem dá a todos a vida, a respiração e tudo mais. E o Salvador quer que todos os homens se salvem. Aqueles, portanto, que, sem culpa, ignoram o Evangelho de Cristo e sua Igreja, mas buscam a Deus com coração sincero e tentam, sob o influxo da graça, cumprir por obras a sua vontade, conhecida através do ditame da consciência, podem conseguir a salvação eterna".[8]

---

[6] Concílio Ecumênico Vaticano II. Decreto Unitatis redintegratio, n. 12. Gostaria de ampliar a informação sobre o Concílio, que completou 40 anos no mês de outubro de 2002. O Concílio é a reunião dos bispos da Igreja Católica com o Papa. Nele participam também pessoas convidadas, inclusive de outras religiões. O Vaticano II realizou-se entre 1962 e 1965. Foi convocado pelo papa João XXIII em 1959. Era necessário avaliar a identidade pastoral da Igreja no mundo moderno. Uma missão nada fácil, mas urgente e necessária para uma Igreja que aparentava estar longe do mundo e com uma linguagem envelhecida. O Concílio produziu uma riquíssima documentação pastoral voltada para a missão da Igreja. O decreto que citei acima significa *reintegração da unidade* e trata do *ecumenismo*, a necessidade que sentimos como cristãos de favorecer o diálogo, a ajuda mútua e o compromisso com a mensagem salvífica de Jesus Cristo para as outras religiões.

[7] Concílio Ecumênico Vaticano II. Decreto sobre as relações da Igreja com as religiões não-cristãs, n. 2.

[8] Concílio Ecumênico Vaticano II. Constituição dogmática *Lumen gentium*, n. 16.

Acredito na importância dessa busca porque Deus passa a ter significado quando o encontramos no secreto do nosso coração. Ele se esconde e ao mesmo tempo se revela nos caminhos que fazemos ao longo da vida, partilha conosco da Palavra, alimenta o fogo que aquece o nosso coração e entra na casa que somos nós, para repartir o pão da vida que é ele mesmo.

Agora, é preciso ter cuidado com as formas comerciais de incentivar hoje a busca de Deus. Muitas delas aprisionam, tornam a vida uma verdadeira droga, porque proporcionam uma viagem fantástica no mundo mágico, tornando o cotidiano chato, repetitivo e insuportável. Existem religiosidades por aí que favorecem o *show religioso*, muita dança, muita bênção, muitos gestos com o corpo, porém, tiram as pessoas do chão da vida, da realidade e as prendem na magia de poder sair deste corpo de pecado. A busca de Deus não se configura dessa forma, muito pelo contrário. Deus, quando quis revelar toda a sua compaixão pelo ser humano, assumiu a humanidade, *trabalhou com mãos humanas, pensou com inteligência humana, agiu com vontade humana, amou com coração humano. Nascido da Virgem Maria, tornou-se verdadeiramente um de nós, semelhante a nós em tudo, exceto no pecado.*[9] Assim foi Jesus Cristo. Nele toda a experiência foi de liberdade, desafiando o cotidiano, que o tornou solidário com a salvação dos homens e mulheres de seu tempo, e com a nossa, através dos tempos.

A busca de Deus nas experiências religiosas deve trazer ao peregrino do sentido do mistério uma felicidade que não se esgota numa viagem frenética de simples *marketing* religioso, mas de um caminho espiritual exigente, que faz da vida um projeto de enamoramento de Deus e da sua causa salvífica.

---

[9] Concílio Ecumênico Vaticano II. Constituição dogmática sobre a Igreja no mundo de hoje, n. 22.

Somente quando as experiências levam as pessoas a esta realidade de mergulho em Deus é que podemos chamar de *transcendência fecunda, verdadeiramente humana*.[10] Aí sim é preciso pular, cantar, aplaudir e dizer: "Grandes coisas fez em mim o Todo-Poderoso. Santo é seu nome" (cf. Lc 1,49).

3. A iluminação da fé

A narrativa da revelação feita pelo autor da Carta aos Hebreus nos coloca diante de uma realidade que hoje nos inquieta, sobretudo no contexto cultural pragmático: pobre de espírito, mesquinho e efêmero. É a verdade sobre Deus. Desde sempre o ser humano procura responder à pergunta: "De onde venho?" É, no fundo, uma inquietação para responder ao sentido primeiro, o absoluto, que para muitos ateus se tornou um absurdo: Deus!

A modernidade, com todas as suas faces — racionalismo, positivismo, pragmatismo, psicologismo —, tentou tirar do homem, inclusive com a pretensão de curá-lo de suas náuseas e complexos (Sartre, Freud), a idéia de um absoluto. Nada seria tão absurdo que imaginar ou deixar-se guiar pela idéia de um ser supremo, princípio de tudo, onisciente e onipotente. De fato, as concepções sobre Deus nascidas da especulação filosófica da razão pura apenas ajudaram a reforçar a idéia do absurdo, do incompreensível e, portanto, do impossível de ser vivenciado pela nossa humanidade. A teologia, em alguns segmentos, fortaleceu uma compreensão metafísica do fenômeno religioso, que apenas nos desligou e dificultou o nosso acesso a Deus.

Hebreus diz-nos que o Deus que Jesus Cristo revelou tem rosto e história. É o Deus de sempre, da história de uma humanidade sedenta e esperançosa (cf. Hb 1,1-4). Jesus mesmo possibilitou o acesso a Deus e à sua presença misericordiosa: "Vinde e vede!"

---

[10] Boff, Leonardo. *Tempo de transcendência*: o ser humano como um projeto infinito, p. 56; Imoda, Franco. op. cit., pp. 99-102.

Quando chamou os primeiros discípulos (cf. Jo 1,35ss), Jesus não fez um discurso sobre Deus, mas propôs um caminho de descoberta mediante suas palavras, gestos e sinais. O Deus de Jesus foi chamado de Pai bondoso, pequeno como um grão de mostarda, valioso como uma moeda perdida que a mulher procura até encontrar, zeloso como um patrão que confia seus bens aos empregados e sai em viagem, compassivo como o pai que abraça o filho que regressa após gastar tudo, silencioso diante do Filho que assume a causa dos últimos e se torna sinal de libertação. Jesus fala-nos de um Deus-Pai que ele sente na pele, com o qual mantém um diálogo contemplativo e fecundo, capaz de confiar em sua presença salvadora.

O Pai bondoso do evangelho de Lucas está longe de ser o Deus onipotente que tudo sabe e que se mantém numa luz inacessível; o Deus do Reino que chega do evangelho de Marcos está longe de ser a figura opaca de um poderoso e tremendo juiz; o Deus que Mateus experimenta é dom precioso para todos os homens e mulheres de boa vontade, muito longe da imagem de um Deus que queima no fogo o joio e o trigo; o Altíssimo do qual fala Lucas faz caminho conosco e revela as Escrituras, muito distante de um Deus que castiga porque esquecemos suas leis. Enfim, o Deus que João experimenta e proclama como Pai é cheio de amor e ama com coração humano, bem diferente de um Deus sem coração e sem paixão pelos viventes. Na vida dessas comunidades e das pessoas de fé, fez-se história uma experiência generativa, na qual Deus se fez em tudo semelhante a nós e nos mostrou que é possível, na liberdade, viver a plenitude da divindade, superando o pecado, a morte e a dor.

A tentativa de apagar da memória de todos nós a inquietação por Deus gerou apenas uma profunda pobreza de espírito, empurrando o ser humano a perder a capacidade de contemplar o significado da própria existência, chamada Deus — seja o nome que se dê —, que salva porque acolhe, beija, coloca anel em nosso dedo e faz festa.

Deus não é uma idéia, é uma experiência que preenche o vazio de espiritualidade e generosidade que cada ser humano sente e que machuca a humanidade sedenta de paz, justiça e fraternidade. E o que é tudo isso senão Deus? O absurdo pragmático que tudo quer ver e tocar nos colocou num abismo profundo, uma fenda que aumenta sempre mais, com única possibilidade de saída: experimentar Deus na vida, ou seja, no amor, porque a vida é amar e Deus não se revela indiferente do amor. Nada nos poderá separar do amor de Deus, ensina Paulo, nada. No entanto, existe algo que pode nos tornar insensíveis ao amor de Deus: nossa cegueira. Por isso, é preciso gritar: "Senhor, que eu veja. Senhor, dai-me desta água".

Então, no mais profundo de nossas inquietações, Deus surge recriando nos ossos sem vida da humanidade, com aquele sopro do início, dizendo que fomos feitos à sua imagem e semelhança. Deus existe! O ser humano está ainda aqui para comprovar. O grande dilema é que Deus é uma eterna surpresa e nos desperta neste e em todos os natais como a aurora. Para vê-lo, precisamos acordar cedo do nosso sono.

Para estudo pessoal ou grupal

Religiosidades	Em que medida esta experiência enriquece a minha fé?
Devoção aos santos e santas	
Usar o corpo para louvar a Deus	
Rezar sozinho	
Fazer coisas boas sem participar de religião determinada	
Meus valores e os valores da minha religiosidade	
Dez é dez, a Igreja é zero?	
Curas, demônios e magia	
Outros:	

Capítulo III

A espiritualidade cristã mergulhada no sagrado

*Desenvolver a espiritualidade é desenvolver
a nossa capacidade de contemplação,
de escuta das mensagens e dos valores
que impregnam o mundo à nossa volta.*
Leonardo Boff

1. A revolução espiritual

Jesus Cristo viveu num contexto religioso marcado pelos ritos de purificação exterior, próprio do Levítico. Para os fariseus, adeptos de uma facção religiosa tradicional do judaísmo, era fundamental a observância restrita da lei mosaica e dos costumes religiosos que mantinham as pessoas puras e sem mancha de pecado. Para Jesus Cristo, no entanto, a questão da pureza não se mantinha em plano exterior, mas interior. Ele propôs uma verdadeira *revolução espiritual* no seu tempo.[1] O texto bíblico que agora apresento mostra claramente isso: "Enquanto Jesus estava falando, um fariseu o convidou para jantar em sua casa. Jesus foi e pôs-se à mesa. O fariseu ficou admirado ao ver que ele não *tinha feito a lavação ritual antes da refeição*. O Senhor disse-lhe: 'Vós, fariseus, *limpais por fora o copo e a travessa, mas o vosso interior está cheio de roubos e maldades. Insensatos! Aquele que fez o exterior não fez também o interior? Antes, dai em esmola o que está dentro, e tudo ficará puro para vós [...]. Ai de vós, porque sois como túmulos que não se vêem, sobre os quais as pessoas andam sem saber [...]*. Ai de vós igualmente, doutores da Lei, porque *carregais as pessoas com fardos insuportáveis, e vós mesmos, nem com um só dedo tocais nesses fardos*'[...]" (Lc 11,37-41.44.46).

O ensinamento de Jesus Cristo é claro: é na interioridade do ser humano que nascem o bem e o mal. A cura da interioridade abre um caminho espiritual para fora, alcançando os limites da nossa existência e sonhos. Hoje em dia, muita gente está buscando o sentido da espiritualidade e não está encontrando, pois a oferta é tamanha e tão imediata que não deixa espaço para a contemplação; e contemplar é, exatamente, descer na profundidade de nós mesmos. Trata-se de uma experiência e não de doutrinas ou costumes. A verdadeira revolução

---

[1] Na verdade, o termo "revolução espiritual" é do grande líder religioso budista Dalai Lama, no seu livro *Uma ética para o novo milênio*. Rio de Janeiro, Sextante, 2000.

espiritual terá início quando começarmos a beber da fonte que sacia a nossa religião. Sem isso é puro farisaísmo, fanatismo e magia (cf. Gl 5,20). E esta fonte chama-se *mistério*. Um mistério que colhemos nos sentimentos de Jesus Cristo: compaixão, generosidade, justiça, tolerância, perdão e amor (cf. Gl 5,22s). Essa experiência de transcendência é que revela o sentido do mistério que invade o ser humano quando contempla, na sua interioridade, as maravilhas de Deus como realidade e não em discursos sobre ele. Por isso, João, em sua carta, escreveu: "O que era desde o princípio, o que *ouvimos*, o que *vimos* com os nossos olhos, o que *contemplamos* e o que as nossas mãos *apalparam* da Palavra da Vida — vida esta que se *manifestou*, que nós vimos e *testemunhamos*, vida eterna que a vós anunciamos, que estava junto do Pai e que se tornou *visível* para nós — [...] nós vos anunciamos, para que estejais em *comunhão* conosco" (1Jo 1,1-3a).

Para que a revolução espiritual aconteça de fato, é necessário haver esse mergulho interior que nos coloca face a face com Deus. Somente assim nossas ações serão permeadas de justiça — o traje da festa de casamento que o evangelho de Mateus coloca como juízo e condenação (cf. Mt 22,11). Quem não se modifica a partir de seu interior, como revela o Evangelho, nunca saberá de fato *ouvir*, *ver* e *contemplar* a Deus, porque a justiça de Deus se revela nas fontes de água viva que jorram para sempre (cf. Rm 1,17; Jo 4,14). Os túmulos podem ser ornados com belas flores e cores, entretanto, por dentro estão cheios de podridão. Aparentar uma estética sedutora no falar e no agir pode ter bons resultados, mas manter uma interioridade apodrecida e carcomida pelas traças é viver a triste melancolia e a falsidade.

Contudo, a experiência espiritual que Jesus propõe é tão forte e revolucionária, que nos preenche radicalmente de sentido. Os fatos da vida ganham nova luz, inclusive os negativos e trágicos. Não se trata de um fatalismo cômodo, mas de um confronto constante com a fé assumida e professada. Uma fé que tem um círculo hermenêutico que nos garante um processo de aprendizagem e de justificação.[2] Uma fé que faz vencer os interditos que a vida nos apresenta e que nos lança para a frente com plena confiança, como testemunhou o próprio Jesus Cristo: "Pai, em tuas mãos entrego o meu espírito" (Lc 23,46).

A espiritualidade é patrimônio da humanidade e não de uma religião. É a forma do diálogo do ser humano com sua interioridade, no mais profundo do coração, onde Deus se revela como sacrário, lugar sagrado, habitado por ele e do qual se revela a nós como Pai nosso. Somente assim seremos *um*, como Jesus e o Pai são um único.

2. Juventude e oração

Jesus Cristo foi um orante, quer dizer, sentia a necessidade de dialogar com o Pai, *Abbá* (cf. Lc 4,14; 6,12; 9,18.28; 10,21ss; 11,1ss; 23,46; Mc 1,35), para fundamentar sua missão de manifestar a presença do Reino de Deus. O Evangelho conta-nos que ele tinha a iniciativa de se retirar do grupo dos discípulos para estar sozinho em oração. Um dia, Jesus estava rezando e os discípulos ficaram observando; certamente nasceu a curiosidade. O que será que ele diz? Com quem ele fala? Então um dos discípulos pediu que Jesus ensinasse a oração, e ele ensinou o pai-nosso (cf. Lc 11,1-4).

É uma oração simples, parece até que já existia uma fórmula muito parecida na religiosidade popular da época. O fato é que os discípulos ficaram tão contentes com aquela oração, que mais tarde, na composição dos evangelhos de Mateus e de Lucas, ela aparece exatamente como momento de intimidade entre os discípulos e o mestre. O interessante é que Jesus não fez um discurso sobre a oração, e sim mostrou como se reza. Por isso, sendo coerente com o método dele, não pretendo aqui fazer um discurso sobre formas de oração, mas ajudar a compreender o processo de intimidade com Deus que a oração produz, como componente importante da espiritualidade. "Eu te

---

[2] O tema da circularidade da fé encontra-se no meu livro *Projeto de vida: rumo à meta que é Jesus Cristo*. São Paulo, Paulinas, 2002. p. 22.

louvo, Pai, Senhor do céu e da terra, porque escondeste essas coisas aos sábios e entendidos e as revelaste aos pequeninos" (Lc 10,21).

A oração é um dos elementos mais importantes de uma espiritualidade. Nela existe linguagem, símbolos e ritos próprios. Existem aquelas orações de massa, já conhecidas por suas fórmulas repetitivas; temos orações produzidas pela Igreja, que se baseiam nas experiências de santos e da comunidade cristã; e temos também orações que nascem da sensibilidade, da compaixão, da escuta do Espírito de Deus em nós. Todas elas são importantes. Não saberia dizer qual seria a melhor. Apenas digo que qualquer que seja a oração, ela deve ser *um reconhecimento das maravilhas de Deus*, que a pessoa consegue tirar de sua intimidade, atingida pela graça de Deus.

De nada adianta ter uma bela fórmula nas mãos, se ela não atinge a nossa interioridade — infelizmente, nossa prática oracional transformou-se, ao longo dos tempos, num repetir de fórmulas. Cada vez mais estamos tendo dificuldade em rezar com o coração. Existem tantos esquemas de oração, que muita gente apenas tira fotocópia para usar nas celebrações. Raramente as pessoas entendem o que estão dizendo, é uma linguagem de surdos. Todos falam ao mesmo tempo e ninguém escuta ninguém. O silêncio deixou de ser uma expressão da oração contemplativa. Muitos enchem o tempo com cantos, louvores e gritos, para evitar que o silêncio se faça ouvir. Nesse esquema é difícil *ouvir*, *ver* e *contemplar* aquele que é desde sempre o comunicador por missão própria (cf. Hb 1,1-4).

Esse processo de intimidade com Deus foi considerado por santa Teresa de Jesus[3] como *degrau*; diríamos hoje processo da oração consciente. Nele, santa Teresa testemunha suas experiências místicas.

---

[3] Santa Teresa de Jesus nasceu em Ávila (Espanha), em 1515. Entrou para a ordem das monjas carmelitas e viveu cerca de vinte anos de sua vida religiosa enfrentando dificuldades e vencendo-as com uma confiança inabalável em Deus. Um dia, inspirada por Deus, vendo que muitas de suas irmãs não se dedicavam à vida religiosa como deveriam, no clima da reforma protestante que sacudia a Igreja, Teresa deixou o mosteiro e iniciou um processo de reforma da ordem carmelita. Fundou vários mosteiros, escreveu e formou novas irmãs, criou uma espiritualidade marcada pela contemplação de Deus, que tudo pode e em tudo nos ampara. Morreu em Alba de Tormes (Salamanca), no ano de 1582. É uma das quatro doutoras da Igreja, em razão de seus escritos espirituais.

Apresento aqui algumas delas. Trata-se de aprender a *irrigar nossa vida* com a presença de Deus.

- **Apanhar água com balde num poço quase seco.** Imagine a dificuldade. Ela dizia que isso causava fadiga, esforço, distração, aridez, secura, dificuldade de silenciar. É o início da oração. Custa muito, porque mergulhar em nós mesmos é um desafio. Os efeitos, porém, nos dão uma sensação de persistência, sentido de vitória.

- **Tirar água com ajuda de um torno.** É um processo menos cansativo. Nessa etapa da oração, é mais fácil usar a memória, a vontade, o desejo. Os efeitos são a maior facilidade de silenciar, bem-estar consigo mesmo e com Deus.

- **Trazer água encanada de uma fonte.** É um degrau mais fácil, com maior satisfação e admiração pelas conquistas feitas. A oração nutre-nos e nos fortalece. Os efeitos dessa fase suscitam um estado de contemplação, de intimidade com Deus, de solidão fecunda.

- **Aproveitar da água da chuva.** O degrau da oração contemplativa que tanta gente busca hoje em dia, mesmo os jovens, é um sentimento de alegria, sentir-se amado por Deus, prazer de estar em harmonia consigo, com Deus e com o mundo. Na vida, os efeitos serão de unidade da vida como graça e da santificação como conquista.

Esse processo consciente de uma vida de oração é hoje uma das buscas mais expressivas do mistério perdido que a oração pode nos ajudar a reencontrar. O método de santa Teresa não é o único, mas ajuda a compreender que fazer da vida uma forma de oração exige esforço, perseverança, desejo. Seria muito importante que nossos grupos juvenis, nossas comunidades se tornassem *escolas de autêntica oração*, inspiradas em Jesus orante, que usa do silêncio para escutar a voz do Pai compassivo.

3. O cristianismo

O que será do cristianismo depois dessa *revolução espiritual*? Que tipo de cristianismo poderá surgir? Quais seriam suas expressões? seus ritos? seus costumes? Que tipo de adesão a Jesus Cristo estamos fazendo? Nossa catequese ainda não colocou esta pergunta. Estamos muito preocupados com metodologias, em fazer da catequese um processo educativo da fé, sem levarmos em conta que a fé deve ser, antes de tudo, uma experiência. Sem isso, torna-se razão, códigos, dogmas, e os jovens já estão cheios disso. As informações sobre a fé não podem prescindir de uma experiência. Por isso nossa ação catequética precisa ser celebrativa, oracional, com um ritmo iniciático. O cristianismo do futuro não será a expressão de um modelo cultural apenas. Ele será realmente universal,[4] com expressões locais da sua catolicidade.

Jesus Cristo é um personagem histórico que se tornou universal pela sua mensagem de salvação, portanto, nossa compreensão de Jesus passa pela nossa cultura. Nela encontramos sementes de sua presença, que cria confronto, questiona e suscita mudanças. Toda cultura se enriquece com outras. Jesus, como judeu, enriquece-nos e torna motivo de salvação tudo aquilo que nossa cultura consegue internalizar de sua mensagem e, posteriormente, exteriorizar.

Acredito que o cristianismo que o século XXI está produzindo pode se beneficiar com a abertura de novas experiências de vida intra e interpessoais na comunidade do Povo de Deus. Com a ajuda do artigo de Boff, gostaria de evidenciar esse crescimento.

- Um renovado sentido de comunidade. A tendência cada vez mais evidente no Povo de Deus é a de valorizar a comunidade como lugar de experiência de fé (cf. At 4,32-35). Sem o modelo

---

[4] BOFF, Leonardo. O futuro do cristianismo na América Latina: um novo desafio teológico-religioso. In MOREIRA, Alberto & ZICMAN, Renée. *Misticismo e novas religiões*, pp. 159-161.

de cristandade, o cristão encontrará na comunidade de fé o alimento que garantirá sua adesão ao Evangelho: formação, sacramentos, educação do agir moral.[5] A paróquia não agrega mais as pessoas como território, e sim como compensação de seus vazios.

- **A cultura.** Já estamos falando há muito tempo de inculturação da fé, mas pouca coisa temos visto de concreto. Pois bem, na evolução do cristianismo, a cultura será o filtro desse processo de inculturação. Algumas verdades que um modelo cultural implantou serão aos poucos questionadas: sentido da comunhão, da autoridade, da organização, da obediência, da hierarquia.

- **A identidade simbólica.** É muito forte ainda hoje a identidade romano-católica em nossas igrejas. Certamente surgirão outras oriundas dos movimentos eclesiais que estão pululando na Igreja: neopentecostais católicos, neocatecumenais, renovação carismática. Essas manifestações de fé estão carregadas de símbolos que formam sua identidade.

- **A comunhão.** A Igreja Católica assumiu o ecumenismo, reconhecendo que a salvação é a meta para todos aqueles que buscam a Deus de coração sincero. Isso está gerando um novo estilo de comunhão entre as Igrejas cristãs, mas também no seio da Igreja Católica:[6] o clero deverá se ocupar da evangelização e não do poder; os leigos deverão ser mais atuantes nas soluções e na organização eclesial; a ministerialidade deve ser uma realidade de fato; o bispo deve ser animador, guia e referência para a Igreja na cidade. A comunhão é uma realidade que aos poucos se manifesta nas diferenças sem cair na uniformidade. É o essencial que nos move e não as regras de uma religião.

---

[5] COMBLIN, José. op. cit., p. 14.

[6] CNBB. *Olhando para a frente:* o projeto "Ser Igreja no novo milênio" explicado às comunidades, n. 77.

Ser cristão é ser discípulo de um mestre que iniciou sua missão com um grupo e terminou sozinho, revelando a todos a fecundidade do amor. No entanto, ressuscitou para partilhar das Escrituras, partir o pão e deixar a paz como sinal permanente do seu amor.

4. A iluminação da fé

O capítulo que estamos concluindo foi, na realidade, uma grande iluminação da fé, a partir da experiência do discipulado de Jesus Cristo. Nele nos movemos e somos, diz a Escritura. Por isso ressaltei os elementos da *revolução espiritual*, que nada mais é do que nossa ousadia em mergulhar no íntimo de nossas vidas, para ali encontrar o sentido de plenitude. Sem isso, ficaremos na superfície de nossas experiências, sem tirar proveito e mantendo a sede da água viva.

Toda reflexão sobre a *oração* quis ser um alerta para o significado de nossas buscas de compreensão do sagrado, que se fundamenta na espiritualidade. E toda espiritualidade deve nos fazer livres de armadilhas que limitam nosso desejo de dialogar com Deus, no silêncio de nós mesmos. A tendência de multiplicar fórmulas e de ficar nas modas de exterioridade apenas faz sucumbir nossa liberdade.

A fé orienta-nos a um cristianismo que educa por meio dos valores da própria cultura, tirando dela o alimento que Deus, desde sempre, semeou e que Jesus veio manifestar com sua encarnação. O cristão é um discípulo que entra na escola do mestre Jesus, encarnado nos rostos dos irmãos de fé e de comunidade. A fé reúne-nos na comunhão da Trindade. É nela que experimentamos de fato o sentido pleno de sermos chamados *filhos de Deus*.

Para estudo pessoal ou grupal

Se você tivesse de qualificar a sua experiência de fé e partilhá-la com seus amigos, como faria? Sublinhe o conceito que representa seu atual estágio religioso.

1. Minha religião, sou eu quem a orienta.   Certo   Duvidoso   Discordo
2. Sagrado é aquilo que dá medo.   Certo   Duvidoso   Discordo
3. A religiosidade é o que sinto.   Certo   Duvidoso   Discordo
4. O mistério é algo incompreensível.   Certo   Duvidoso   Discordo
5. Deus é o todo e tudo.   Certo   Duvidoso   Discordo
6. O cristianismo é ideologia.   Certo   Duvidoso   Discordo
7. A religião castra os sentimentos.   Certo   Duvidoso   Discordo
8. A religião educa e liberta.   Certo   Duvidoso   Discordo
9. Deus é o fantasma da mente humana.   Certo   Duvidoso   Discordo
10. Oração é intimidade e ação.   Certo   Duvidoso   Discordo

Se você tivesse de escolher uma frase bíblica que orientasse sua vida a partir de hoje, qual seria? Partilhe com seus amigos o porquê.

_____
_____
_____
_____
_____
_____
_____

Conclusão

Diante destas reflexões sobre a busca do mistério perdido, tive a preocupação de expor alguns elementos de continuidade e de avanço que iluminam e esclarecem o sentido do sagrado na vida do jovem. O texto é ilustrativo e quer ser um instrumento de reflexão. As reflexões pessoais e grupais no final de cada capítulo ajudam a fazer uma leitura autocrítica e proativa. Não escrevo para que as pessoas o repitam, mas para que sejam elas mesmas, com referenciais que ajudem a pensar um pouco mais ousadamente. Deixo aqui algumas questões que considero importantes num processo de reencontro com o sagrado hoje, num contexto secularizado e, ao mesmo tempo, com forte tendência a redefinir o mistério dentro de um mundo esotérico e desligado da realidade.

- **Somos carentes de um itinerário de fé** que torne dinâmicos o pensamento, a palavra e a ação do cristão, num mundo em contínuas e rápidas transformações.

- **Não estamos sozinhos, formamos um Povo** e isso nos insere numa comunhão de pessoas, serviços e ministérios em vista da evangelização. Precisamos pois de uma comunidade que nos forme e nos dê identidade.

- Os jovens têm de ser missionários dos próprios jovens, como verdadeiras testemunhas do mistério que eles encontram e que desejam comunicar. Não pode haver dicotomia entre o ser jovem e o ser comprometido com o Deus da vida.

- **A pessoa humana com suas necessidades** é o destinatário primeiro da ação cristã. A salvação não é afastada do bem-estar das pessoas. Jesus oferece uma libertação que compreende o físico, o espiritual e o social.

Jesus Cristo é o rosto humano de Deus e o rosto divino do homem,[1] por isso é urgente o redescobrimento da Palavra de Deus, que ilumina o crente a caminhar nas estradas da vida, partilhando com Jesus as Escrituras, e o pão que dá a vida em plenitude.

Queira Deus que tudo o que foi aqui refletido seja para a glória de Deus e para a felicidade de tantos jovens que buscam a Deus com o coração inquieto.

Pe. Mendonça
e-mail: pastoral@isma.org.br

---

[1] João Paulo II. *Exortação apostólica pós-sinodal*. *"Ecclesia in America"*: a Igreja na América, n. 67.

Pensamentos

*Quando o ser humano não pergunta mais,
cessando de algum modo de ser mistério para si próprio,
cessa também de ser ele mesmo.*
(Franco Imoda)

---

*Não conseguindo jamais ser plenamente presente para si mesmo,
o ser-humano-mistério permanece desejo e desejo incessante...
Somente um objeto infinito pode preencher o seu desejo.*
(Franco Imoda)

---

*Qualquer religião é um sistema de meios vivencial do sagrado,
isto é, objetos que transmitem significado super-humano.*
(William E. Paden)

A linguagem religiosa liga os indivíduos de uma ordem moral, oferecendo histórias, ensinamentos e imagens sobre o sentido ou propósito de vida, e orientação para o comportamento correspondente.
(William E. Paden)

O ser humano não pode abdicar da presente busca de alguma coisa e, ao mesmo tempo, não consegue renunciar ao retorno constante para junto de si mesmo, para seu lar, para controlar aquele temor presente de perder-se em seu modo desconhecido de si mesmo.
(Franco Imoda)

Bibliografia

Boff, Leonardo. *Espiritualidade*: um caminho de transformação. Rio de Janeiro, Sextante, 2001.

_____. *Tempo de transcendência:* o ser humano como um projeto infinito. Rio de Janeiro, Sextante, 2000.

Cencini, Amedeo. *Os jovens ante os desafios da vida consagrada*: interrogações e problemáticas. São Paulo, Paulinas, 1999.

_____. *Redescobrindo o mistério*: guia formativo para as decisões vocacionais. São Paulo, Paulinas, 1999.

CNBB. *Diretrizes gerais da ação evangelizadora da Igreja no Brasil – 1999-2002*. São Paulo, Paulinas, 1999. (Doc. 61)

_____. *Olhando para a frente:* o projeto "Ser Igreja no Novo Milênio" explicado às comunidades. 5. ed. São Paulo, Paulinas, 2001. (Doc. 66).

Comblin, José. Desafios da Igreja na cidade atual. *Revista Vida Pastoral*, jul./ago. 2002, pp. 8-15.

Concílio ecumênico Vaticano II. *Constituições, decretos e declarações*. Petrópolis, Vozes, 1987.

Diálogo – Revista de ensino religioso. *Fenômeno religioso visto pela ciência*. São Paulo, ano VII, n. 25, mar. de 2002.

Ferreira, Antônio da Silva. *De olho na cidade:* o sistema preventivo de dom Bosco e o novo contexto urbano. São Paulo, Salesiana, 2000.

Imoda, Franco. *Psicologia e mistério*: o desenvolvimento humano. São Paulo, Paulinas, 1996.

João Paulo II. *Exortação apostólica pós-sinodal "Ecclesia in America"*: a Igreja na América. São Paulo, Paulinas, 1999.

Libanio, João Batista. *As lógicas da cidade*: o impacto sobre a fé e sob o impacto da fé. São Paulo, Loyola, 2001.

Moreira, Alberto & Zicman, Renée. *Misticismo e novas religiões*. Petrópolis, Vozes, 1994.

Paden, William E. *Interpretando o sagrado*: modos de conceber a religião. São Paulo, Paulinas, 2001.

Schweickardt, Julio Cesar. *Magia e religião na modernidade*: os rezadores em Manaus. Manaus, Universidade Federal do Amazonas – UFA, 2002.

Impresso na gráfica da
Pia Sociedade Filhas de São Paulo
Via Raposo Tavares, km 19,145
05577-300 - São Paulo, SP - Brasil - 2003